BEI GRIN MACHT SICH IHR WISSEN BEZAHLT

- Wir veröffentlichen Ihre Hausarbeit, Bachelor- und Masterarbeit

- Ihr eigenes eBook und Buch - weltweit in allen wichtigen Shops

- Verdienen Sie an jedem Verkauf

Jetzt bei www.GRIN.com hochladen und kostenlos publizieren

Bibliografische Information der Deutschen Nationalbibliothek:

Die Deutsche Bibliothek verzeichnet diese Publikation in der Deutschen Nationalbibliografie; detaillierte bibliografische Daten sind im Internet über http://dnb.d-nb.de/ abrufbar.

Dieses Werk sowie alle darin enthaltenen einzelnen Beiträge und Abbildungen sind urheberrechtlich geschützt. Jede Verwertung, die nicht ausdrücklich vom Urheberrechtsschutz zugelassen ist, bedarf der vorherigen Zustimmung des Verlages. Das gilt insbesondere für Vervielfältigungen, Bearbeitungen, Übersetzungen, Mikroverfilmungen, Auswertungen durch Datenbanken und für die Einspeicherung und Verarbeitung in elektronische Systeme. Alle Rechte, auch die des auszugsweisen Nachdrucks, der fotomechanischen Wiedergabe (einschließlich Mikrokopie) sowie der Auswertung durch Datenbanken oder ähnliche Einrichtungen, vorbehalten.

Impressum:

Copyright © 2017 GRIN Verlag
Druck und Bindung: Books on Demand GmbH, Norderstedt Germany
ISBN: 9783668987722

Dieses Buch bei GRIN:

https://www.grin.com/document/471032

Patryk Rutkowski

Fitnessökonomie. Eine Einsendeaufgabe zum Modul Marketing 1

GRIN Verlag

GRIN - Your knowledge has value

Der GRIN Verlag publiziert seit 1998 wissenschaftliche Arbeiten von Studenten, Hochschullehrern und anderen Akademikern als eBook und gedrucktes Buch. Die Verlagswebsite www.grin.com ist die ideale Plattform zur Veröffentlichung von Hausarbeiten, Abschlussarbeiten, wissenschaftlichen Aufsätzen, Dissertationen und Fachbüchern.

Besuchen Sie uns im Internet:

http://www.grin.com/

http://www.facebook.com/grincom

http://www.twitter.com/grin_com

Deutsche Hochschule für
Prävention und Gesundheitsmanagement
Hermann Neuberger Sportschule 3
66123 Saarbrücken

Hausarbeit (kollektive Prüfungsleistung)

Name, Vorname	Rutkowski, Patryk
Modul	Marketing I
Studiengang	Fitnessökonomie
Datum Präsenzphase	10.04.17 – 12.04.17
Studienort	Köln
Gruppe bzw. zu bearbeitende Stadt	Hamburg
Unternehmenstyp*	**Fitnessstudio, Premium-Segment**

* abhängig von Aufgabenstellung: jeweils den zu bearbeitenden „Unternehmenstyp" eintragen

Inhaltsverzeichnis

1 MARKTBESCHREIBUNG / -ANALYSE 3

    1.1   Allgeimeine Informationen über den Unternehmenstyp 3

    1.2   Lage und Standort des Unternehmens 3

    1.3   Bestimmung von zwei Marktgebieten 4

    1.4   Makroumfeldanalyse und Abschätzung des Markpotentials 5

    1.5   Wettbewerbsanalyse 6

    1.6   Beurteilung der Marktanalyse 8

2 MARKETINGPLANUNG 9

    2.1   Budgeplanung 9

    2.2   Kommunikationspolitik 9

    2.3   Werbeplanung 10

    2.4   Kostenkalkulation 11

    2.5   Synergieeffekte im Rahmen der Kommunikationspolitik 11

3 ABSCHLUSSSTATEMENT 12

4 LITERATURVERZEICHNIS 13

5 ABBILDUNGS- UND TABELLENVERZEICHNIS 14

    5.1   Abbildungsverzeichnis 14

    5.2   Tabellenverzeichnis 14

1 Marktbeschreibung / -analyse

1.1 Allgeimeine Informationen über den Unternehmenstyp

Unternehmenstyp	Fitnessstudio Premium- Segment
Standort	Hamburg
Studiofläche	3000-3500 qm
Durchschnittlicher Netto-Beitrag	80 €/ Monat
Erfahrungsgemäß Marketingkosten	60 €/ Monat
Geplante Mitgliederzahl nach dem ersten Geschäftsjahr	1200 Mitglieder

Tab.1 Algemeine Informationen über den Unternehmenstyp

In dem von mir augewählten Unternehmen handelt es sich um ein Fitnesstudio aus dem Premium-Segment . Das Fitnesstudio sondert sich durch ausgezeichnete Qualität und großes und umfangreiches Angebot sowie Professionelle Betreung von den anderen Fitnesstudios ab. Die Hauptzielgruppe sind dementsprechend Menschen die bereit sind mehr Geld für das Qualitative Angebot auszugeben in welchen sie hochwertige Geräte ,professionelle Betreuung ein Wellnesbereich sowie ein VIP status genießen Können . Es ist für menschen im Alter zwischen 25-65 gedacht.

• Produktpolitik	• Preispolitik	• Distributionspolitik
• Große Auswahl an Kraft-und Cardiogeräten • Breites Kursangebot • Funktioniales Training • Wellnesssbereich(Solarium Sauna,Dampfbad) • Fitnessbar/W-lan • TV/Sky • Parkplätze • Lady Louge • Pool • Tägliche Snacks • Fitness Workshops • Kindebetreung • Getränkeflat • Outdoortraining	• Einmalige Anmeldegebühr von 49 Euro bei einer Jahresmitgliedschaft • Einmalige Anmeldegebühr von 99 Euro bei einer Monatlich Künbaren Mitegliedschaft • Basis Mitgleidschaft 39,99 Euro : Geräte training, Getränkeflat , Duschen • Premium Mitgleidschaft 79.99 Euro zusätzlich: Wellness, Personaltraining, Kinderbetreuung,Fitness Workshops,Tägliche Snacks. • All-inklusiv Gutschein für 1 Monat kostet 199 Euro	• Grosse Kette in Hamburg • Terminvereinbarung bei Neu und Bestandskunden • Werbekampagnen

Tab.2 Produkt-Preis-und Distributionspolitik

1.2 Lage und Standort des Unternehmens

Der Standort mit der Adresse Falkenried 88 in 20457 Hamburg ist Zentral gelegen und eignet sich deshalb perfekt für ein Fitnesstudio aus dem Premium-Segment .Die Gute zufahrt möglickeit bieten die Schnellstrassen 5 und 447 für die jeniegen die mit dem Auto kommen wollen. Direkt in unmittelbarer nähe befindet sich ebenfalls eine U-Bahn Station, die Züge kommen in 5 Minuten Takt was für zu eine Optimale Erreichbarkeit sorgt. Desweiteren bietet die Zentrale Lage in diesem Stadtteil eine große Bevölkerungsdichte und eine kleine Arbeitslosenquote und dem entsprechend von eine größen Kaufkraft und Liquidität auszugehen ist.

Abb.1 : Lage des Unternehmens (Google Maps ,2017)
ist aus urheberrechtlichen Gründen nicht Teill dieser Arbeit

1.3 Bestimmung von zwei Marktgebieten

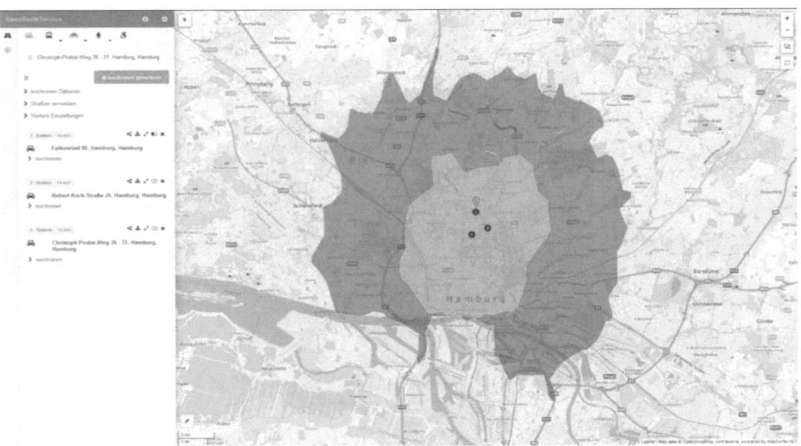

Abb.2 : Bestimmung von zwei Marktgebieten und der Konkurenz
(Opensourceservice,2017)

Die Bestimmung von zwei Marktgebieten erfolgt mit der Zeit-Distanz-Methode.
Die Geschwindigkeit wurde auf 65 Km /h begrenzt.

Das erste Marktgebiet wurde mit Grün makiert und zeigt die mögliche Reichweite die man innerhalb 7 Minuten mit einem Auto erreichen kann , das zweite Marktgebiet wurde dagegen mit Rot makiert und beschreibt die Reichweite von 14 Minuten.Die zweit stärksten Kokurrenten wurden mit den Zahlen 2 und 3 ebenfalls auf der Karte makiert wobei die 1 die Lage des eigenen Unternehmens beschreibt.

1.4 Makroumfeldanalyse und Abschätzung des Markpotentials

Stadt Hamburg

Einwohneranzahl	1.787.408 Einwohner
Altersverteilung	Unter 18 Jahren 16,1% 18 bis 65 Jahre 65,1% 65 Jahre oder älter 18,7%
Arbeitslosenquote	5,6 %
Kaufkraft	109,8 %

Tab .3 Kennzahlen der Stadt Hamburg (Handelskammer Hamburg, 2016, Bundesagen-tur für Arbeit, 2017)

Marktgebiet 1

Stadtbezirke	Einwohneranzahl
Stellingen	24.726
Lokstedt	28.252
Groß Borstel	8.769
Alsterdorf	14.123
Eppendorf	24.365
Winterhude	54.302
Uhlenhorst	17.104
Hoheluft- Ost	9.514
Eimsbütel	56.889
Eimsbütel Harvestehude	17.479
Rotherbaum	16.354
Summe Marktgebiet 1	**271.877**

Tab.4 Marktgebiet 1

Marktgebiet 2

Stadtbezirke	Einwohneranzahl
Altona Nord	21.876
Hafencity	2.349
Hohenfelde	9.460
Borgfelde	6.845
Hohefelde	9.460
Veddel	4.704
Rothenburgsort	9.138
Hamm	38.515
Marienthal	13.083
Dülsberg	17.231
Barmbeck Süd	33.681
Barmbeck Nord	40.864
Ohldorf	15.471
Fuhlsbüttel	12.572
Hummelsbüttel	17.437
Langenhorn	44.795
Ellerbek	21.287
Niendorf	41.120
Groß Flotbek	10.913
Ottensen	35.199
Eidestedt	32.317
Schelsen	28.626
Summe Marktgebiet 2	**415.172**

Tab.5 Marktgebiet 2

1 Marktgebiet =271.877

2 Marktgebiet =415.172

Marktpotenzial = 12%

Marktgebiet 2 = Faktor 70 %

Rechnung :

415.172 * 70 % = 290.620 Marktgebiet 2

(290.620 + 271.877)* 12 % = 67.500 = **Marktpotenzial**

1.5 Wettbewerbsanalyse

Urban Bodies - Dein Gym, Training & Lifestyle	
Stärken	- Moderne Ausstatung und Einrichtung , Vollklimatisiert - Sozial Media Marketing

Schwächen	- Kursplanung - Kein Personal Training
Positionierung	- Discout- Segment
Produktpolitik	- Große Auswahl an Kraft-und Cardiogeräten - Funktioniales Training - Parkplätze - Kleines Kursangebot - Vollklimatisiert - Ökostrom - Kooperationspartner

Tab.6 Wettbewerbanalyse Urban Bodies

Sport Living Oase Hamburg	
Stärken	- Reha , Prävention und Physiotherapie - Großes Wellnes Angebot
Schwächen	- Zu großes Angebot - Preispolitik
Positionierung	Gesundheitsstudio
Produktpolitik	- Großes Wellnes Angebot - Kraft-und Cardiogeräte - Kursangebot - Funktionales Training - Reha und Prävention - Personal Training - Ernährungsberatung

Tab.7 Wettbewerbanalyse Sport Living Oase

Sport Living Oase hamburg stellt in der unmittelbarer nähe den stärksten Konkurenten da . Zu den Stärken dieses Unternehmens gehört ein sehr großes Angebot an Reha und Prävention sowie der Wellnes Bereich ,in diesem Studio werden sogar Massagen und Kosmetik pflege angeboten. Das Angebot im Bereich Geräte und Cardio training ist dagegen bescheiden, es wird zwar viel angeboten aber der Kraft und Kurse Bereich in diesem Unternhemen scheint verkümmert zu sein , dadurch geht eine bestimmmte Anzahl an potenziellen Kunden die man zusätzlich zu der abgeziehlten Zielgruppe werben könnte verloren. Die Preispolitik lässt auch ein paar Wünsche übrig, da die Mitgleidschaften 12,24,36 Monate gänzlich,einmalig im Vorraus bezahlt werden müssen . Beispielsweise eine Mitgliedschaft von 36 Monaten die Dann 1500 Euro Kostet .Ich kann mir Vorstellen das viele Kunden nicht das Geld besitzen um es eben einmal im Vorraus zu bezahlen zudem schreckt das ab. Es gibt auch auch 14 Tage Gutscheine jedoch sind diese nur 1 Mal im Jahr einlösbar. Im Vergleich zum eigenem Unternehmen liefert das Gesundheitsstudio ein besseres Reha und Präventions Angebot, doch da die Zielgruppe meines Unternehmens nicht zwangsläufig mit der des Gesundheitsstudios übereinstimmt,stellt das kein großes Problem da. Zudem vertritt das eigene Unternhemen eine bessere Preispolitk die Kundenfreundlicher und überlegter ist . Die Preispsychologie stellt ein wichtige Komponete dar , da diese Faktoren stark in die Kaufbereitschaft sowie die Kaufentscheidung einfließen und dementsprechend den Erfolg eines Unternhemens ausmachen können.

Urban Bodies - Dein Gym, Training & Lifestyle Ist ein sehr modernes und stilvolles Fitnessstudio.Optisch macht es ein sehr guten Eindruck sowohl von innen als auch von außen , zudem ist das Fitnesstudio Vollklimatisiert . Optische Gestaltung sowie moderne Austatung gehört definitiv zu den stärken dieses Unternehmens . Urban Bodies ist zudem sehr stark in den Medien vertreten . Die moderne Online Seite ist mit mehreren Kooperationspartnern verbunden. Das Unternhemen scheint auf Facebook,Instagram und Youtube stark vertretten zu sein , dort werden Trainingsvideos und verscheidene Rezepte vorgestellt . In meinen Augen hat dieses Unternhemen aber auch Schwächen vorzuweisen eine der Größten Schwächen ist die Kursplanung in der Woche finden vormitags sowie Nachmitags keine Kurse statt zudem ist die Auswahl der Kurse eher Bescheiden. Ein so modernes und Großes Studio sollte da besser ausgestatet sein . Die Fehlende Betreung sowie kein Personal Training gehört ebenfalls zu den schwächen da immer mehr Kunden großen Wert drauf legen professionell Betreut zu werden und sich gut aufgehoben zu fühlen. Was nützen die schönsten Geräte wenn man sie nicht vernünftig nutzen kann ?

Im Vergleich zum eigenen Unternehmen hat Urban Bodies ein deutlich besseres Sozial Media Marketing doch was die Austatung angeht sind beide Studios gleich modern ausgestatet.Die Lichter und die laute Musik welche die Nachtclub Atmosphäre ausmachen, könnte auch manche Kunden abschrecken und eher als anstrengend empfunden werden . Eine Neutrale Atmosphäre wie die im eigenem Unternehmen ist dem entsprechend deutlich angenehmer.

1.6 Beurteilung der Marktanalyse

Auf Grund der Tatsache das das Marktgebiet ein Großes Marktpotenzial bietet und die Bevölerungsdichte groß ist ,ist die Beurteilung des Markts als atraktiv zu bewerten und mit guter Aussicht auf Erfolgschancen die 1200 Mitglieder im ersten Jahr zu generieren.Da die stärksten Kokurrenten in anderen Segmenten aufgestellt sind und sie dementsprechend oft eine andere Zielgruppe ansprechen ist das marktpotenzial in diesem Gebiet lukrativ.

2 Marketingplanung

2.1 Budgeplanung

Die Jahresmarketingbudget Berechnung erfolgt über die Marketingkosten pro Neukunde Methode . In dem Fall erfolgt die Rechnung wie folgt :

1200 Neumitglieder
60 Euro Pro Neukunde
1200*60= **72.000 Euro Jahresmarketingbudget**

2.2 Kommunikationspolitik

Neben Werbung haben ich mich für Flayer und Online Sozial Media Marketing entschieden. Online Sozial Media Marketing ist momentan die beste und schnellste möglichkeit um möglichst viele Menschen zu erreichen(T. Hütter. 2005) . Die Flyer sind Kostengünstig Praktisch und schnell Umsetzbar . Bei einem Neuem Unternehmen durchaus aufmerksamkeitserregend.

	Werbung	Online Sozial Media Marketing	Flyer
Primäres Ziel	Möglichsts viele Mitgleider bzw. Potenziele Kunden vor dem Marktstart anzusprechen und zu gewinnen		
Botschaft	Neueröffnung !	Sei dabei !	Sparren sie sich jetzt die Anmeldegebühr!
Inhalt und Organisation	Anzeige in der Tageszeitung	Instagram , Facebook und Youtube posts	Werbeträger im Marktgebiet austeilen (Posteinwurf)
Gesonderte Ziele	Bekanntmachung ,Vorstellung des Kozepts	Reichweite generieren, Bekanntheitsgrad aufbauen,Zielgruppen ansprechen	Kundengewinnung ,Positives Image herstellen, Abschluss eine Jahres Mitgliedschaft

Tab.8 Kommunikationspolitik

Ausführliche Aktionsbeschreibung

Die Aktion dient dem generieren einer großen Reichweite an Interessenten , einer kurze Vorstellung des Kozepts und einem Aufbau der Bekanntheit in unmittelbarer Nähe des unternehmens sowie in den Sozial Media . Ein Youtube Spot soll das interesse wecken und algemein eine Neueröffnung präsentieren.
In der Örtlichen Zeitung wird eine Anzeige zu Neueröffnung erstellt.
Es werden Flayer gedruckt und in der Nähe des Studios verteilt zudem wird ein Youtube Spot zu der Neueröffnung

online gestellt.
Nach Vorlage eines Flyers wird die Aufnahmegebühr von 49 Euro bei einem Vertrag von 12 Monaten Laufzeit entfallen.
Bei Facebook, Instagram werden auch digitale Flyer verbereitet die man ausgedrückt bei einer Anmeldung vorlegen kann.
Der erfolg der Kampagnie wir anhand der abgeschloßenen Mitgleidschaften kontroliert und gemessen.

Datum	Planung	Wer ?	Bis Wann ?	Kosten
01.01.	Angebote zu Flayer Herstellung sammeln und vergleichen	Mitarbeiter	04.01	
05.01	Flayer drucken und verteilen	saxoprint.de Mitarbeiter 400 Euro Job	31.01	800,00 Euro
16.01	Auftrag für ein Spot vergeben	netzfilm.de/	01.02	999,00 Euro
01.02	Zeitungsanzeige Angebote einholen und vergleichen	Inhaber	04.02	
05.02	Zeitungsartikel drucken lassen	Inhaber	06.02	700,00 Euro
10.02	Veröffentlichung des Youtube Spots, teilen bei Facebook und Instagram	Inhaber	10.02	
Kontrolling				
Interessenten :		In Aktion :		Abschlüße (Komplett):
Auswertung:				

Tab.9 Zeitliche Organisation

2.3 Werbeplanung

Der Werbebudget soll 20% des Jahresmarketingsbudges ausmachen :

72.000 * 0.2 = 14.400 Euro

Für diese Werbekampagnie stehen 14.400 zur Verfügung

Werbemittel	Werbeträger	Zeitaufwand	Zielgruppe	Reichweite	Dauer	Preis
Flayer	Außenwerbung	Mittel	Standpunkt und Umgebung bis 10 km Radius	gering	2 Wochen	Ca.200 Euro
Posts	Facebook, Instagram	Mittel	Verschiedene, alle Altersgruppen	Sehr hoch	Jahre	
Werbespot	Youtube	Hoch	Youtube Nutzer	Hoch	4 Wochen	Ca.1000 Euro

Tab.10 Werbeplanung

2.4 Kostenkalkulation

Werbeträger	Anzahl	Preis
Zeitung	1 Artikel	700,00 Euro
Flyer	18.000 Stück	200,00 Euro
Internet Post	1 Spot	999,00 Euro
Personal Kosten	1 x 400 Jobber	400,00 Euro
Gesamt :		2.299 Euro

Tab.11 Kostenkalkulation

Die Kostenkalulation hat 2.299 Euro ergeben. Vefügbare Mittel für diese Werbekampagnie liegt bei 14.400 Euro. Es wurde viel weniger Investiert und das Potenzial des Budges wurde nicht ausgeschöpft . In Zukunft sollten die Kampagnie nicht so Bescheiden geplant werden und eventuell in größeren Ausmaß organisiert werden . Eine Optimierungs Möglichkeit wäre ein Influencer für den Youtube Spot zu angagieren, sprich einen Berühmten Youtube Fitness Blogger zu angagieren der das Unternehmen präsentiert. Die Erfolgschanchen der Kampagnie würden dadurch steigen und das Potenzial des Budges besser genutzt werden. Desweiteren Könnte man zusätzlich zu den Flyer ‚Plakat Werbung durchführen um noch Mehr präsenz in dem Marktgebiet darzustellen und demsntsprechend mehr potenzielle Kunden erreichen zu können ‚sodass die geplante Mitglieder Zahl von 1200 Mitglieder für das 1 Jahr erreicht wird .

2.5 Synergieeffekte im Rahmen der Kommunikationspolitik

Die Zusammenarbeit der Unternhemen im Rahmen der Kommunikationspolitik wäre für alle Beteiligten von Vorteil. Die verschiedenen Studios an unterschiedlichen Standorten bieten eine größere Wahrschienlichkeit für das erreichen einer gewünschten Zielgruppe. Desweiteren können die Kosten reduziert werden und der Wiedererkennungswert würde steigen.

Im Sinne der Synergieeffekte im Rahmen der Kommunikationspolitik bieten sich das Cooperative Identity an welches aber durch eine Zentrale geführt und angeleitet wird . Ein wiederkehrendes Motiv in allen Werbekampagnien der Unternehmensgruppen wäre von Vorteil , da dadurch ein Wiedererkennungswert deutlich gesteigert wird und die Unternhemen an Bekanntheit gewinnen. Das gesamte Erscheinungbild der Unternehmen welches nach Außen getragen wird gewinnt an Größe und Aufmerksamkeit .

3 Abschlussstatement

Durch die Große Dichte an Menschen die Hamburg besiedeln und auf Grund der Tatsache dass Hamburg die Stadt mit der größten Kaufkrauf in Deutschland ist und nicht zu verachten eine relativ kleine Arbeitslosenquote besitzt ,beurteile ich Hamburg als Attraktiv für die gesamte Unternehmensgruppe. Die Vielseitigkeit der verschiedenen Studios deckt alle erdenklichen Zielgruppen ab ,somit kann das Freie Marktpotenzial gut ausgeschöpft werden .

Die unternehmen stehen jedoch vor einer Herausforderung , durch fehlende Erfahrung neigen die einzelnen Unternhemen sich zu überschätzen.Wichtig ist das die Unternehmen auf realistischen Zahlen beruhen und das Kontrolling der geplanten Maßnahmen sorgältig durchgeführt wird sodass mögliche Fehler erkannt sowie optimierungsmaßnahmen eingeleitet werden können .Die Untenhemer sollten mit einem klaren Blick nach vorne sehen und den sogenannten Stilstand vermeiden .

Durch Synergieeffekte der Unternehmensgruppe können die vereinzelte Konkurrenzunternehmen mit großer Präsenz und Atraktivität der Einzelnen Unternehmen innerhalb der Unternhemensgruppe rechnen . Die Synergieeffekte Im Rahmen der Kommuniaktionspolitik der Unternhemensgruppe stellen eine gute Chance dar ,sich auf dem großen und bereits sehr satten Markt zu positionieren und zu etablieren und vielleicht sogar die Kokurrenz zu verdrängen.

Die Standorte alle Unternehmenstypen haben ein gut durchdachten Eröffnungsort gefunden. Die Erreichbarkiet der Untertnehemen ist optimal. Auf Grundlage der Marktanalysen lässt sich auch kein all zu großer Konkurenzkampf feststellen und sogar die im Marktgebiet eingegrenzten stärksten Konkurrenten scheinen die geplanten Mitgliederzahlen nach dem ersten Geschäftsjahr nicht zu gefährden. Ich Persönlich bin der Meinung das die Studios aus dem Premium und Discout Bereich die Größten Chancen auf dem Markt haben . Es liegt an dem großgefächerten und modernen Angebot. Die menschen werden immer fauler,bequemer und haben wenig Zeit,somit ist davon auszugehen das ein Studio mit einem Breitgefächerten Angebot gut ankommt und alle Bedürfnisse unter einem Dach abdeckt deutlich atrraktiver ist kleine vereinzelte Unternhemen . Letztendlich ist es nur noch eine Frage des Preises , ist man bereit mehr auszugeben oder man will lieber sparen. Sichtlich ist das auch immer mehr der Fall auf dem Markt.

4 Literaturverzeichnis

Regionaldirektion Hamburg der Bundesagentur für Arbeit. (04.2017). Bundesagentur für Arbeit : *Arbeitsmarkt im Überblick Hamburg*. Zugriff am 25.07.2017.
Verfügbar unter:
https://statistik.arbeitsagentur.de/Navigation/Statistik/Statistik-nach-Regionen/BA-Gebietsstruktur/Nord/Hamburg-Nav.html

https://www.openrouteservice.org/reach?n1=53.588939&n2=9.984341&n3=12&a=53.596987,9.975494&b=0&i=0&j1=14&j2=7&j3=1&d=65&k1=en-US&k2=km

http://www.urban-bodies.de/

http://www.sporting-live.de/

https://www.hk24.de/blob/hhihk24/produktmarken/beratung-service/konjunktur-statistik/downloads/3129914/2dd922ec1dd795e5da3883f7b2bdd6c6/pdf05--Einzelhandel-data.pdf

Statistisches Amt für Hamburg Schleswig – Holstein. Hamburger Stadtprofile 2016. *Bevölkerung und Haushalte* . Zugriff am 22.07.17
Verfügbar unter :
http://www.statistik-nord.de/fileadmin/maps/Stadtteil_Profile_2016/atlas.html

https://www.saxoprint.de/flyer-ange-bot?adword=flyer/flayer%20drucken&gclid=EAIaIQobChMIy_vpmMa71QIVk1QYCh3zPQPZEAAYAiAAEgKkoPD_BwE

https://www.netzfilm.de/
Thomas Rütter. (05.10.15). Instagram Nutzerzahlen für Deutschland, Österreich, Schweiz und Europa. Zugriff am 23.07.2017. Verfügbar unter:
http://www.thomashutter.com/index.php/2015/10/instagram-nutzerzahlen-fuer-deutschland-oesterreich-schweiz-und-europa/

5 Abbildungs- und Tabellenverzeichnis

5.1 Abbildungsverzeichnis

Abblidung 1.. 4
Abbildung 2.. 4

5.2 Tabellenverzeichnis

Tab.1 Algemeine Informationen über den Unternehmenstyp..........................3
Tab.2 Produkt-Preis-und Distributionspolitik... 3
Tab.3 Kennzahlen der Stadt Hamburg (Handelskammer Hamburg, 2016, Bun-desagentur für Arbeit, 2017)..5
Tab.4 Marktgebiet 1.. 5
Tab.5 Marktgebiet 2...6
Tab.6 Wettbewerbanalyse Urban Bodies...6
Tab.7 Wettbewerbanalyse Sport Living Oase... 7
Tab.8 Kommunikationspolitik.. 9
Tab.9 Zeitliche Organisation...9
Tab.10 Werbeplanung..10
Tab.11 Kostenkalkulation..10

BEI GRIN MACHT SICH IHR WISSEN BEZAHLT

- Wir veröffentlichen Ihre Hausarbeit, Bachelor- und Masterarbeit

- Ihr eigenes eBook und Buch - weltweit in allen wichtigen Shops

- Verdienen Sie an jedem Verkauf

Jetzt bei www.GRIN.com hochladen und kostenlos publizieren